100日間おなじ商品を買い続けることで
コンビニ店員から
あだ名を
つけられるか。

与謝野

光文社

ビスコをめぐるあたたかで小さな物語

はじめに

よく行くお店の店員さんに顔を覚えられる気恥ずかしさ、というのは多くの人が感じたことがあると思います。

そのお店のことが好きだから、便利だから、ちょうどいいから毎日でも通いたいのに、店員さんに「あの人また来てるな」と思われてしまったらどうしよう、と考えてわざわざ別の店に行ったりしてしまうのは現代人にとって結構よくある行動のようです。改めて考えると店員さんにそう思われることでなにか不都合があるというわけでもないのですが、毎日来てると思われたくない、といった心理が働く人間という生き物は本当に不思議だと思います。

私が以前住んでいた町においしいうどん屋さんがありました。私がその町に引っ越してからというもの、休みのたびにそのうどん屋さんへ通っていたものです。その日も「きょうも肉うどんにしようかな」と思いながらそのうどん屋さんの戸を開けると、いきなりお店のおかみさんに、

「いらっしゃい！　きょうも肉の並でいいかい？」と笑顔で元気よく聞かれました。

私がちょっとびっくりして「え⁉　は、はい」と答えると、「はいよ！」と元気に返され、私がセルフの水を用意して席につく頃には、もう肉うどんの並がテーブルに運ばれてきたのでした。おかみさんのそのホスピタリティはもちろんうれしかったのですが、お店の人に自分の顔といつも注文するものを覚えられてしまうのはちょっと恥ずかしいな、という気持ちでうどんを食べたのを覚えています。

それからも「ちょっと恥ずかしいな」という気持ちはありましたが、そのうどん屋さんは本当においしかったのでかなり長く通い続けました。そのたびに笑顔のおかみさんに元気よく「きょうも肉の並かい？」と聞かれ、なぜかいつも私はちょっと悩む風で「えーっと……じゃあそれで」なんて答えていました。頭の中

では肉うどんの並を頼むと決まっているのに、なんでそんなフリをしていたのかは自分でもわかりません。いつも同じものを頼んでいると思われるのが恥ずかしかったのでしょうか。

そのお店のおかみさんは人の顔と注文を覚えるのが早くて、三度も同じ注文が続けば「きょうも○○でいいかい？」と元気にお客さんに尋ねていました。人気の店だったので何百人というレベルで注文を把握していたと思います。私はカラオケでアルバイトをしていたことがありますが、そんなにお客さんの顔を覚えるのは得意ではなかったので、おかみさんの記憶力は本当にすごいなと思います（もし毎週末ひとりカラオケをしに来るお客さんに「いらっしゃい！　きょうもフリータイムとドリンクバーでいいかい？」と聞いたらたぶんその人は二度と来なくなる気がしますが）。

私はいまではその町からすこし離れた場所に住んでいますが、半年に一回ぐらいそのうどん屋さんへ足を運びます。お店の戸を開けるといまでもおかみさんは「あら久しぶり！　きょうも肉の並でいいかい？」と笑顔で私に聞いてくれます。その言葉はまだ私にはちょっと恥ずかしいですが、いまだに自分のことを覚えていてくれるんだな、とうれしくなります。

タイトルの通り本書は「１００日間おなじ商品を買い続けることでコンビニ店員からあだ名をつけられるか」を検証し、その記録をまとめたものになります。

だいたい一週間ほどビスコを買い続けると、どの店員さんも私のことを「いつもビスコ買っている人だな」と認識することが行動や雰囲気でわかりました。その様子がこちらに伝わってしまうと、うどん屋のおかみさんに顔を覚えられたときと同じように「やっぱりちょっと恥ずかしいな……」という気持ちになりました。しかしそんな羞恥心と過剰な自意識をなんとか押さえつけ毎日通い続けると、コンビニで交わす会話が「店員と客の必要上のやりとり」から「人と人のコミュニケーション」へすこしずつ変化していくことに気がつきました。この１００日間は私にとって本当に楽しい思い出として心に残っています。

さいごに、私をお客さんではなくひとりの人間として接してくださったコンビニの店員のみなさん、ビスコという商品を本書に使わせていただくことに快く同意してくださった江崎グリコ株式会社のみなさん、この検証が多くの方に認知されるきっかけを作ってくれたオモコロ編集部のみなさん、かわいくて素敵なイラストを加えてくださった小山健さん、いろいろなアイデアでこの書籍を彩ってくれた坂川朱音さん、書籍化に際し多方面でお力添えをしてくださったｎｏｔｅ株式会社の志村さん、本書が形になるまでに尽力をしてくださった株式会社光文社の藤さん・田頭さん、そしてこの検証を行うにあたりその原体験を私にもたらしてくれたうどん屋のおかみさんに、あらためて感謝を述べさせていただきたいと思います。本当にありがとうございました。

ファミリーマート

学校や学習塾が密集している地帯の真ん中に位置するため、いつの時間に行ってもイートインは宿題やおしゃべりをする学生でパンパンになっている。この地域には珍しく外国人のお客さんもかなり多い。なので毎日さわがしい学生や日本語の伝わらない外国人の対応に店員たちは結構うんざりしているようだ。基本的にみんなぐったりしており、その疲れが接客に出ている。

気だるげな女性

20代なかばぐらいの女性。ファミマの夕夜シフトのメイン層のひとり。金に近い茶髪で、なんというか、かなりやる気がなく、いつも気だるげに接客をしている。レシートは当然渡してくれないし、袋詰め、テープ貼り、カード確認など、金銭のやりとり以上の接客を極力省略することで知られる。

背の高い丁寧な女性

20代前半ぐらいの女性。丁寧でしっかりとした接客をする、表情のやさしい店員。ニコッとするときに目まで笑う。なぜか名札にチキンラーメンのひよこのシールが貼られている。

ギバちゃん

20歳ぐらいの男性。もしかしたらまだ高校生かもしれない。若いが、柳葉敏郎に似た顔立ちでスポーツマンっぽい焼けた肌をしている。

新メインの男性

30歳ぐらいの男性。あるきっかけから出現する、夕夜シフトのメインになる男性。疲れた顔をしているが、レシートや袋の要否の確認は怠らない。

(旧)メインの男性

30歳ぐらいの男性。ファミマの夕夜シフトのメイン層のひとり。ほんとに、なにも書くことがないくらい特徴がない。

店長

50歳ぐらいの男性。遅い時間にまれに見る。客がレジ台に置いた商品を手に持ち、そのバーコードを読んだあと、その商品をレジ台に軽く放るクセがある。やめてほしい。

ローソン

大きな公園の最寄りコンビニ。そのためイベントがある日はカオスのような混み具合になる。私が行く夕夜シフト以外の時間帯もほぼ女性の店員しかいないようだ。ビスコの在庫が不安定で、なくなることが多い。

お姐さん

40代後半ぐらいの女性。2日目で私のことをビスコの男だと認識するぐらい、お客さんの顔を覚えるのがとにかく早い。基本的に平日はお姐さんともうひとり誰か、という構成になり、いちばんレジをしてもらう機会が多い。おしゃべり好きで、会うたびになにかと話しかけてくれる。身体が強いのが自慢で、趣味はバドミントン。

副店長

20代前半ぐらいの女性。だいたい毎日いる。お姐さんのいない土日はこの人にレジをしてもらうことが多い。明るい茶髪・耳の軟骨に複数ピアスと、見た目はかなり派手なのだが、その接客は完璧と言っていい。今回紹介するどの店員よりも声が大きく、ハキハキしている。ただ、完璧すぎるというか、すこし機械的な雰囲気があってちょっと近寄りがたい。

サブリーダー

20代前半ぐらいの女性。サブリーダーというローソン独自の素人目にはよくわからない地位についている。ちなみにリーダーはお姐さん。ローソン3人娘のなかではもっとも明るく、会話することが多い。口紅濃いめのちょいギャル気質。

お姐さんの娘と思しき女性

20代前半ぐらいの女性。名字がお姐さんと同じということから娘なのでは?という疑惑を私に持たれているが、終盤までその真偽は明らかにならない。おとなしめで、あまり感情を表に出すタイプではない。

店長

40代前半ぐらいの男性。普段行く時間帯ではあまり見ないが、遅い時間や土日になると見かけることも。ちょっと疲れた顔をしている。

なお、すでに退職された様子の方もいらっしゃいます。

もくじ

chapter

1

検証のルール

コンビニ、便利ですよね。

お弁当、飲みもの、お菓子、雑誌、タバコ、お酒、日用品。必要なものはコンビニに行けばだいたい売っています。昼食やコーヒーを買うために毎日おなじコンビニで買い物するという人もたくさんいるでしょう。もはやコンビニで買い物することは現代人にとって生活の一部といえますね。

ただ、毎日おなじものを買っていることで「店員さんにあだ名をつけられているのではないか」と不安になったことはありませんか？

１００日間おなじ商品を買い続けることでコンビニ店員からあだ名をつけられるか。

それを検証したいと思います。

私が１００日間買い続けるもの、それはビスコです。

ビスコ

ビスコとはなにか、という説明をする必要はないと思いますが、なぜ私が毎日買う商品としてビスコを選んだのか説明します。

- おいしい。
- オフィスグリコというものがあるように、職場で毎日食べても違和感がない。
- 3つ小分けになっているので、箱を開けてもすべて食べきる必要がない。
- なぜか身体に良いようなイメージがあり、たくさん食べても罪悪感が少ない。

職場で食べやすく、手軽でおいしい、というのが主な理由です。保存もききますしね。

ビスコといえば「赤い箱に幼児の笑顔」、というパッケージですが、いまはそのビスコより「発酵バター仕立て」と「焼きショコラ」という2種類を多く見かけます。

逆に赤い箱のオリジナルはけっこう探さないと見つかりません。またそれら以外に健康志向の小麦胚芽入りや、シンバイオティクスシリーズなどもあります。

こちらがビスコの「発酵バター仕立て」。しっかりとバターの風味が感じられますが、飽きのこない軽さもあって食べやすいです。みなさんもコンビニで見かけたら手にとってみてください。おいしいですよ！

検証方法

あだ名がつくか？という検証をするにあたってですが、やはり複数店舗で行うのが望ましいです。検証の信頼性が高まりますからね。家から通える範囲の3店（デイリーヤマザキ、ファミリーマート、ローソン）にビスコが置いてあったので、それらの店で検証します。

１００日間連続して毎日行き、ビスコだけを買います。ただし出張などやむを得ない場合もあるので、その点は大目に見てください。

100日間通ったあと、タイミングを見てあだ名を聞きます。つまり実際は100日以上コンビニに通うことになります。

ルール

ただ「買い続ける」ことであだ名がつくか、という検証であることをふまえ、簡単ですがルールを設けます。

1 今回行くお店ではビスコ以外の商品を買ってはいけない。
2 店員のほうから話しかけられるまで、こちらから声をかけてはいけない。
3 目立つ格好、行動をしてはいけない。
4 ビスコを入荷してください、という働きかけをしてはいけない。

ただし、一度でも店員側から話しかけられれば、それ以降はこちらからコミュニケーションをとっても良いこととします。

chapter

2

100日間+αの全記録

1日目

9月11日

きょうから100日間コンビニでビスコを買い続ける。

左から
直立のデイリー
レシートのファミリーマート
ダブルのローソン

ちゃんと100日間続けられるか不安だが「あだ名をつけられる」という目的

を達成することができるようがんばりたい。

デイリー　30代ぐらいの男性。丁寧な接客でちゃんとレシートを渡してくれた。

ローソン　レジに立ったのは40代後半ぐらいのお姐さん。こちらも自然にレシートを渡された。

ファミマ　レジに立ったのは20代なかば、ほんのりヤンキー風味でかなりやる気のない気だるげな女性で、自発的にレシートをくれなかった。ここ以外の店舗はビスコを買ったとき普通にレシートを渡されてしまったので、消去法でこの店がレシートビスコの店になった。

始まった段階での懸念事項をいくつか挙げておく。

デイリーはビスコの在庫が少ない。棚に出ているのはあと2つ。バックヤードにあるのだろうか。

店が地味に遠い。3店舗回って帰ると車で30分ぐらいかかる。これを毎日続けられるかと思うと不安だ。

ビスコ4箱で113×4＝452円かかる。毎日タバコ1箱吸うレベルの出費だ。

お菓子を買ったぐらいではレシートを渡されないだろうと思っていたが、デイリーとローソンは普通に渡されてしまった。あちらから渡されてしまうと「あ、レシートください」と言えないのでレシートが必要なことをアピールできない。最後に行ったファミリーマートの店員さんはレシートを渡してくれなかったので「あ、レシートください」と言うことができた。本当によかった。いつの日かありがとうと伝えたい。

2日目

9月12日

きょうも問題なくデイリー（直立）、ローソン（ダブル）、ファミマ（レシート）の3店で購入できた。

デイリー　棚のビスコ残数1。はやく補充してくれ。ビスコが売ってないと困る。店に入ってビスコの棚を見てなにも買わずに帰るのを何日も繰り返さなくてはならなくなる。万引き犯だと思われそうだ。

ローソン　想定外のことが起きた。2日目にしてお姐さんに「お兄さん、ビスコ好きですね～」と話しかけられた。早い。なんというホスピタリティか。いくらなんでも客を覚えるのが早すぎる。突然のことに私は「っへへ笑」みたいなキモい返事しかできなかった。これで明日も行ってまたビスコ2箱買うのはとても恥ずかしい（明日も、そのまた明日も行くのだ）。

ファミマ　昨日と同じ気だるげな女性。きょうもレシートはくれない。この人のおかげで「あ、レシートください」と言うことができる。いつかあちらから何も言わずにレシートを渡されたとき、すこしジーンとしてしまうかもしれない。

chapter 2

100日＋αの全記録

3日目

9月13日

きょうもデイリー（直立）、ローソン（ダブル）、ファミマ（レシート）の全店で無事購入できた。

デイリー　ほかのコンビニとは違い、デイリーはこの3日間毎日違う店員さんに当たった。きょうは70歳くらいの女性だった。たぶんオーナーかその奥さんだろう。そしてとうとう棚にある最後のビスコを買った。明日補充されていなければ私はどうしたらよいのだろう。

ローソン　お姐さん。「きょうはメガネじゃないんですね」と言われる。容姿まで把握された。この人に存在を認識されればされるほど店に行くのが恥ずかしくなる。

ファミマ　3日連続で気だるげな女性。きょうも一段とやる気なさそうに接客してくれた。当然レシートもくれないのでこちらから「あ、レシートください」と言うことができる。うれしい。落ち着く。

4日目

9月14日

デイリー　危惧していたことが現実になってしまった。デイリー（直立ビスコ）が落ちた。棚にビスコは補充はされなかった。隙間《すきま》を埋めるように隣の商品がすこし寄って、もともとビスコなんてありませんでしたよ、という顔をしていた。しかしこれでビスコが戻らないと考えるのは早計だと思う。もうすこしこのままデイリーに通い続けるつもりだ。ビスコはきっと帰ってくる、そう信じて。

ローソン　事情があって店を訪れる時間がいつもより遅くなってしまった（いつもは午後8時頃、きょうは午後10時頃）。そのためいつもの店員さんはいなかった。訪れるシフト帯が毎回変わると「あだ名をつけられる」という目的を果たすのが難しくなるので、時間には気をつけたい。

ファミマ　いつも通りの時間に行ったが、いつもの気だるげな女性はいなかった。きょうの店員さんはレシートを言わずとも渡してくれた。「レシートください」と言わせてくれ。

5日目

9月15日

デイリー　きょうも補充されず。

ローソン　こちらも初めての店員さん。どのコンビニも土日と平日だと店員層が違うような気がする。学生さんだろうか。

ファミマ　初めて見る店員さん。レシートは言わずとも渡してくれる。というか、言わないとレシートをくれないのは最初の３日間に会った気だるげな店員さんだけだ。彼女がいなければレシート作戦は成り立たない。いつか感謝を伝えたい。

ここで第二の危機だが、ローソンのビスコ残数が１になってしまった。私が買い始めてから一度も補充されていない。いままで存在しなかった「ビスコを毎日

買う個体」が現れたことで、近隣地域からビスコがなくなりつつある。私という
たったひとりの存在でここまで影響が出るとは思わなかった。固有の生態系を脅
かす外来種になった気分だ。

6日目

9月16日

デイリー　補充はされず在庫なし。

ローソン　デイリーに続き、とうとうローソンからもビスコが消えた。町からビスコが消えつつある。

　本来ならばローソンでは２箱買わなくてはならないのに１箱しか残っていなかった。そもそも昨日の段階で１箱だけになったビスコがきょう私が買うまで残っていたということは、その店で私以外だれもビスコを買っていないということに他ならない。補充されないのはビスコが売れてないからなのだろうか？　これがポッキーとかであれば早々に補充されたであろう。そんなに人気がないのかビスコ。めちゃめちゃおいしいのに。深キョンがＣＭやってるのに。

できればこちらから「ビスコを置いてください」と働きかけるということは避けたい。一刻も早くローソンとデイリーにビスコが戻ることを祈る。

ファミマ　ファミマでは3日ぶりに気だるげな女性がレジを担当してくれた。そして「レシートください」と言うことができた。きょう気づいたがこの店員さんは精算した商品にテープすら貼ってない。そうこなくっちゃ。

ファミマのビスコはまだ在庫に余裕があるが、明日からファミマ一本になるのだろうか。まだ1週間も経《た》っていないのに。

FamilyMart
電話:XX-XXXX-XXXX
2017年9月16日(月)
領収書
ビスコ
合計
¥113

7日目

9月17日

きょうで1週間になる。無益。

デイリー　補充されず。

ローソン　お姐さん。いつものビスコがなくなってしまったので、この日はじめてシンバイオティクスシリーズ（乳酸菌含有量が多い、健康志向のビスコ。141円と少し高い）を購入。とりあえずビスコであればなんでもよいことにする。

お姐さんから、明日には棚にいつものビスコが戻るという情報を伝えられる。デイリーにもビスコが戻れば良いのだが。

ファミマ　気だるげな女性。いつもどおり、こちらから言わないとレシートは

くれない。最高。

8日目

9月18日

デイリー　残念ながら補充されず。もうデイリーの棚にビスコが並ぶことはないのかもしれない。

ローソン　こちらはうれしいニュースだが、ローソンにビスコが戻った。とてもありがたい。きょうは初めて見る店員さんだった。このローソンは層が厚いというか、このシフト帯に5人以上属している。訪れるたびにメンバーが違う。

ファミマ　きょうは記念すべき日だ。ファミマの気だるげな女性がレシートをくれた。

思えばレシートに始まり、カード確認、袋詰め、テープ貼りなど、おそらくは義務であろう業務を可能な限り省略してきた彼女が、とうとう自らの意思で私にレシートを渡してくれた。

うれしい。

つまりこれは彼女が私を認識していることに他ならない。コンビニを利用する数多くの客のひとりではなく、「毎日午後8時頃ビスコだけを買って必ずレシートを要求する男」と認識している。

失礼な物言いを承知で言うが、彼女の仕事に対する姿勢は熱心とは言いがたい(別にそれでいいのだけど)。それでも1週間毎日同じ時間に通えば覚えられてしまうのだ。思ったよりもずっと早くに覚えられた。

9日目

9月19日

デイリー　補充なし。

ローソン　いつものお姐さん。愛想よく挨拶してくれる。

ファミマ　たまに見る若い男性店員さん。すこし柳《やなぎ》葉《ば》敏郎《としろう》に似ている。レジ対応されるのは初めてかな？　レシートはくれなかったので「レシートください」と言えた。きょうは6時半ぐらいに店を訪れたのだが、この時間はまだ退勤ラッシュの名残《なごり》があり少し混みあってる。やはりいつもの7時半から8時ぐらいがベストか。

10日目

9月20日

もう10日だ。オンライン英会話は3日ともたなかった私にしてはよく続いている。

デイリー　補充なし。

ローソン　いつもの愛想のいいお姐さん。

ファミマ　昨日と同じ柳葉敏郎に似た男性店員。まだ高校生ぐらいに見えなくもない。いちばん客にあだ名をつけそうな年頃だが、きょうはレシートを渡されてしまった。「レシートください」って言わせて頂戴。

家にめちゃくちゃビスコのストックがあるせいで、軽い気持ちで手が伸びてしまう。朝仕事に行く前にビスコ。夜帰ってきてビスコ。ネットフリックスを見ながらビスコ。これは太る。

11日目

9月21日

デイリー　補充なし。

ローソン　ローソン3人娘がひとり、お姐さんの娘と思しき女性と初遭遇。お姐さんと名字が一緒ということから娘なのでは?と疑っている。20代前半、おとなしく人見知りっぽい感じの店員さん。

ファミマ　こちらもレジ対応は初めてだと思う30歳ぐらいの男性店員。レシートは言わずともくれた。

私以外にも買った人がいたようで(当たり前といえば当たり前だが)、ファミマのビスコがラスト1箱になっていた。もしかしたら補充されるまでの数日間はシンバイオティクスシリーズのビスコを買わなければならないかもしれない。

やはり週末と平日では店員さんが変わる。そうなると行く意味は薄いかもしれないが、週末もできる限りは続けていこうと思う。

12日目

9月22日

きょうは出張で県外に出ているためやすみ。

13日目

9月23日

デイリー　なし。

ローソン　いつものお姐さん。短いが会話をした。近くに大きな公園があるので毎日そこで運動をしているのかと聞かれたので「ええ、まあ笑」みたいな曖昧《あいまい》な返事をした。

ファミマ　いつもの気だるげな女性。今回はレシートを渡してくれなかった。前回は渡してくれたのに！　数日会わなかったので忘れてしまったのか。いつものビスコが品切れになってたのでシンバイオティクスシリーズのビスコを買った。

14日目

9月24日

きょうで2週間になる。早いものだ。節目だからなのか、きょうはいろいろあった。

デイリー　相変わらず補充なし。もう諦めても良い頃合か。

ローソン　ローソン3人娘がひとり、副店長がレジを担当。副店長といっても20代前半ぐらいの女性。耳の軟骨にまで開いたピアスと明るい茶髪という派手な見た目とは裏腹に完璧な接客をする。会計時、その隣のレジにいたいつものお姐さんが（よっ）という口をしながら右手を少し挙げて私に合図してくれた。それがなんかちょっと古くて、浅野ゆう子みたいな、80年代のイイ女の挨拶みたいで笑ってしまった。そういう世代なのだろう。かわいらしかった。

ファミマ　こちらも動きがあった。いつもの気だるげな女性だったのだが、会計時に「ビスコ、好きなんですか？」と尋ねられた。普段はわりと感情のない省エネ接客の彼女が、少しニコっとして聞いてきた。「ビスコ、好きなんですか」と。キュンとしてしまった。突然のことにびっくりして私は無言でニコっとするのが精一杯だった。ローソンのときもそうだったが、相手から予期せぬタイミングで質問されるととっさに返答できない。そして相手に認知されていると思うと店に行くのが途端に恥ずかしくなる。ちなみにレシートは渡してくれなかったので、くださいと言った。そこは覚えてないのか！

15日目

9月25日

デイリー　補充なし。

ローソン　昨日と同じ副店長さん。

ファミマ　気だるげな女性。きょうは久しぶりに彼女からレシートを渡してくれた。いつものが売り切れだったのでシンバイオティクスシリーズのビスコを買った。

16日目

9月26日

デイリー　在庫なし。10月になってもなければ行くのをやめる。

ローソン　ローソン3人娘がひとり、サブリーダーに初遭遇。この人も20代前半ぐらい。明るくお話好き。

ファミマ　いつもの気だるげな彼女。以前話しかけられたので、きょうはこちらから「ビスコって売れてるんですか？」と聞いたら「あんま売れてないです笑」と返された。あんま売れてないのか。きょうはレシートをくれた。

17日目

9月27日

友達の結婚式で関西に来ているためおやすみ。

18日目

9月28日

引き続き関西にいるためおやすみ。

19日目

9月29日

まだ関西にいるためおやすみ。

20日目

9月30日

なんと20日目である。日が暮れるのもずいぶん早くなった。

デイリー　ない。

ローソン　いつものお姐さん。新妻が夫にお弁当を渡すときみたいにビスコが入ったレジ袋を渡してきた。

ファミマ　いつもの気だるげな女性。いつもお客さんの多い店だがきょうは不思議と誰もいなかった。レシートは渡してくれた。もうレシートに関しては安定感が出てきた。

明日から消費税が上がる。ファミマにのみイートインがあるのだが、商品にテープすら貼らないあの気だるげな女性が「店内で食べますか」なんてことを逐一ちゃんと客に尋ねるとは思えない。こっちが心配になる。

21日目

10月1日

消費増税の日、10月1日が訪れた。しかし軽減税率が適用されるためビスコに関して特に影響はない。

デイリー　ない。10月になっても補充されなかったのでデイリーはもう諦めることにする。

ローソン　いつものお姐さん。この店はイートインなくてよかったですね、と言ったら「イートインある店は毎回聞くのかしらね」と返された。どうなのだろうか。コンビニはこの軽減税率問題で一番ややこしい対応を迫られているはずだ。

ファミマ　このファミマにはイートインスペースと屋外にテーブルとベンチがある。すぐ近くに小学校と塾があるので、いつも学生がイートインスペースを利

用してお菓子を食べながら宿題をやっていたりおしゃべりしてたりする。真面目にやればかなり対応が面倒な店だ。

しかしこの店のメインスタッフである気だるげな女性は、金銭のやりとり以上の業務を極力省略することで知られている。そんな彼女が、イートインを客が利用するかどうかなど気にかけるはずがない。

とはいえ私も消費増税という一大イベントを体験したいので、レジにビスコを持っていき、「イートインで食べます」と言った。こうすればビスコにかかる消費税が10%になり、レシートに刻まれる代金がいつもと変わる。特別な一日を体験できるぞ！

「いや、ビスコは（消費税）変わんないんじゃないですか〜？笑」。彼女はそう言って、消費税を2%多く払いたいという私の要求をかわした。私は「えっ、そうなの？」とだけ答え、いつも通り１１３円を払って店を出た。

そうなの？

22日目

10月2日

きょうは行くのが本当に面倒で億劫《おっくう》だった。なんでわざわざ毎日30分かけてコンビニまで行かなくてはならないのか理解に苦しむ。

きょうからデイリーは行かないことにした。

ローソン　いつものお姐さん。クレカで支払えば2%ぐらい割引になるよとアドバイスをくれた。世の中はすっかりキャッシュレス化が進んだものだ。

ファミマ　いつもの気だるげな女性。きょうは混んでいたので特に会話もなし。

なぜかこの店は外国人の客が多い。

ほんとは炭酸が飲みたかったのだが、ビスコを買う店ではビスコ以外買ってはならぬという掟《おきて》があるのでこらえた。つらかった。

23日目

10月3日

ローソン　店長さんがレジを担当してくれたのだが、その奥からいつものお姐さんが話しかけてきてくれた。もう完全に常連みたいになっている。

ファミマ　いつもの気だるげな女性。とくに会話はない。

24日目

10月4日

ローソン　いつもの人。私服は珍しいですねと言われる（いつもは会社の格好をしているので）。

ファミマ　いつもの人。イートイン利用で10％にしましたか？と聞いたらこのレジではできないのでやってないと返された。

25日目

10月5日

ローソン　店長さん。ふたつビスコを買いたかったのだが棚にひとつしかなかった。

ファミマ　週末だけ見る店員さん。

土日はどちらの店舗もいつもの人がいない。

26日目

10月6日

ローソン　お姐さんの娘と思しき女性。いつものビスコはなくシンバイオティクスシリーズのビスコを購入。

ファミマ　たまに見る柳葉敏郎に似た若い男性店員。レシートを渡してくれなかったのでもらい忘れそうになった。思えばレシートを渡されないことは最近ほとんどなくなっていた。

27日目

10月7日

ローソン　レジ担当はお姉さんの娘と思しき女性。隣のレジを担当していたいつものお姉さんが「ビスコ切らしてるの！　ごめんなさい！」とわざわざ顔をこちらに向けて教えてくれた。なんかこちらが申し訳なくなる。シンバイオティクスシリーズのビスコを購入。

ファミマ　こちらも店が混んでいたが、いつもの気だるげな女性のレジに当たった。特に会話はなかったが、いつも無表情の彼女が私を見たときすこし微笑《ほほえ》んでくれてキュンとした。尊い。

きょうはいつもより一時間ぐらい早い午後6時過ぎにコンビニに行ったため店内がすこし混んでいた。やはりいつも通り8時ぐらいの時間帯が一番いいようだ。

28日目

10月8日

ローソン　いつものお姉さん。財布の中にポンタカードがあるのにもかかわらず、会計時に私がカードを出さないので毎回「ポイントいらないの？」と聞かれる。私がポンタカードを持っているのはゲオの会員証としてそれを使っているからであり、コンビニで出したことはたぶん一度もない（特に出さない理由はない）。でも毎日「ポイントいらないの？」と繰り返し聞かれ続けた結果、カードを出さない自分が間違っているような気がしてきた。これが日々の刷り込みの恐ろしさである。

ファミマ　なんとここにきてノーマルビスコ納入。ビスコを買い始める前にコ

ンビニを何軒か下見のために回ったが、ノーマルビスコを置いているコンビニはなかった。まんまと買ってしまった。ちなみにきょうのレジ担当はこの時間帯メインの男性。

29日目

10月9日

ローソン　いつものお姉さん。とうとうポンタカードを出した。きょうは人生ではじめてコンビニでポイントカードを出した日になった。これもお姉さんが毎日「ポイントいらないの?」と私に尋ね続けた結果である。この無益と思われたビスコチャレンジは私の人生をすこしずつ変えていっているようだ。台風が来るので買いだめしたほうがいいですよ、とお姉さんが冗談を言ってふたりで笑った。

ファミマ　いつもの気だるげな女性。といっても最近は私とコミュニケーションをとってくれるようになったので、彼女はもはや「気だるげ」ではなくなっていた。昨日入荷したノーマルのビスコをレジに持っていくと「きょうはこっちなんですね笑」と言われた。でもビスコってあんまり売れないんでしょ?と聞くと、

「いや、そうでもないかな～？」と彼女は答えた。以前は売れないと言っていたが売れ行きが変わったのだろうか？　今後棚のビスコの減り具合に注目だ。

明日でビスコを買い続けて1ヶ月になる。思えばこの1ヶ月で私と店員さんの関係は随分と変化したものだ。いまではいずれの店でも行くたびにお話までしてくれるようになった。あらためて思えばなんだか不思議な気がする。

LAWSON

30日目

10月10日

とうとう1ヶ月が経った。ビスコを買いに行く行為がすっかり生活の一部として組み込まれた。人間、何事も慣れである。しかしきょうは会社の食事会があったのでコンビニに行けたのが10時過ぎになってしまった。

ローソン　ちょうど退勤するお姐さんに遭遇。こんばんはと声をかけたら「きょうは遅いんですね」と返された。疲れているように見えた。退勤時だから当たり前か。レジ対応ははじめて見るおじさん。

ファミマ　いつもの気だるげな女性はおらず。この時間に訪れるのははじめてだったが、中高生がめちゃめちゃたむろしていて驚いた。レジ対応はたまに見る柳葉敏郎に似た若い男性店員。

31日目

10月11日

ローソン　お姐さんの娘さんと思しき女性。とくに会話などはなかった。ポンタカードは出した。

ファミマ　気だるげな女性。台風ですね、と言うと「（ビスコを）買いだめしといたほうがいいですよ笑」と返された。早く帰れるといいですね。何時までなんですか？と私が聞くと10時までと答えた。いま10時半だがそんなに降っていないので無事に帰れたと思う。お疲れ様である。

明日は猛烈な台風が来ると聞いているので、もしかしたら行けないかもしれない。

32日目

10月12日

台風のためおやすみ。

33日目

10月13日

ローソン　お姐さんの娘さんと思しき女性。とくに会話なし。ポンタは出し忘れた。いつものが売り切れてたのでシンバイオティクスシリーズのビスコ。
ファミマ　見たことのない男の店員さん。いまだに土日は見慣れない人がいる。土日はどちらの店舗もいつもの店員さんがいないので行かなくてもいいかもしれないが、ローソンのほうは平日に見る人もいたりするので微妙なところ。もうすこし続けてみる。明日は祝日の月曜だが、いつもの人はいるのだろうか。

34日目

10月14日

ローソン　棚に発酵バター仕立てのビスコがなかったのでシンバイオティクスシリーズのビスコを買おうとした。しかしそれを見たお姐さんがわざわざ届いたばかりの仕入れ用のプラボックスからビスコを出してくれた。台風どうでしたか？と聞いたら「この地域はあんまりひどくなくて助かった」と言っていた。たしかにこういうお店だと、設備の破損や仕入れの遅れなど気に病むことが多くて大変そうだ。

ファミマ　気だるげな女性。こちらにも台風どうでしたか？と聞いたら、「やばかったけど、避難しても同じだから家にいました笑」と言われて驚いた。私のアパートではあまり風は強いと感じなかったが、同じ地域でも立地条件によっては感じ方が違ったのかもしれない。しかしきょうあらためて思ったが、この人は最初と比べてだいぶ表情が豊かになった。きょうはもう友達と話すぐらいのテンションだった。「どうぶつの森」のあさみさんと仲良くなったときみたいでちょっとうれしい。

35日目

10月15日

ローソン　レジ対応は店長さん（平日のこの時間にいるのは珍しい）。棚の商品の配置を大幅に変更していたようで、かなり店内がごちゃごちゃしていた。それに気を取られたのか、本来ローソンではビスコを2箱買わなくてはならないところを1箱しか買わなかった。不覚。

ファミマ　偶然なのかこちらも商品のレイアウトが変わっており、ビスコがすこし目立たない下段になった。コンビニにとっては商品の入れ替え時期なのだろうか？　レジ対応はいつもの気だるげな女性。私を認識するとニコっとしてくれるようになった。うれしい。

36日目

10月16日

ローソン　いつものお姐さん。店が棚の入れ替えをしてることなど、短い世間話をした。

ファミマ　気だるげな女性。指に絆創膏《ばんそうこう》を貼っていたのでどうしたのか聞いたら、「ダンボールで切っちゃって〜」と言っていた。

マンネリだ。店員さんと軽く会話をするのは楽しい。しかしもう1ヶ月以上やってる。親密度は上がりきった。もう新しいイベントは起きないのではないか。飽きた。コンビニにもビスコの味にも飽きた。ウソ、ビスコ自体はそんなに飽きてない。毎日新鮮においしい。最高。

ハイパーインフレ下のマルク紙幣のようにビスコが積まれていく。1日1箱以上は食べているので貯まり具合は予想より鈍い。

37日目

10月17日

ローソン　お姐さん。寒かったので山用のジャケットを着てたら「山登るんですか」と言われた。

ファミマ　いつもの気だるげな女性。とくに会話なし。

飽きた。発展がない。おなじことの繰り返し。義務。むしろここまでよく続いたほうである。

38日目

10月18日

ローソン　お姐さん。ビスコがひとつしかなかったので「ごめんね〜！」と言われた。いつもはふたつ買っていることを認識している。

ファミマ　この時間帯主力の男性。レシートは普通に渡された。

39日目

10月19日

とうとう記録を書くのを忘れた。昨日はちゃんとビスコを買いに行ったが、記録するのを完全に忘れたまま寝てしまった。飽きていることの証明だ。

ローソン　土曜なのでいつものお姐さんはいない。若い副店長がレジ担当。バター仕立てビスコが品切れだったのに加えシンバイオティクスシリーズのビスコも品薄だったのでひとつだけ購入した。

ファミマ　土曜なので気だるげな女性はいない。はずだったが、いた。聞いたら「急に土曜入ってって言われちゃったんですよ～」と言っていた。

40日目

10月20日

ローソン　副店長さん。いつものビスコは補充されてなかったのでシンバイオティクスシリーズビスコを。

ファミマ　週末によく見る背の高い女性。レシートは言わずともくれた。

41日目

10月21日

ローソン　いつものお姐さん。ラグビーのワールドカップ、日本負けちゃいましたね、と言われたが私はラグビーのことをなにも知らないので「ラグビー負けたんですね」と返した。

ファミマ　気だるげな女性の店員さんが珍しく棚の補充をしていた。いつもは男の人がその作業をしているが、きょうのシフトは女性が二人なので仕方なくやってるのだろう。レジはもう一人の背の高い女性の方。しっかりした接客でいつもレシートをちゃんとくれる。

42日目

10月22日

ローソン　副店長がレジを担当。お姐さんは私が着ていた服を見て「スヌーピーのトレーナーかわいいですね」と言ってくれた。

ファミマ　気だるげな女性。祝日のためかお客さんも少なくヒマそうだったので「きょうはお客さん少ないですか？」と聞いたら「そうでもないです」と返された。

43日目

10月23日

ローソン　いつものお姐さん。いつもビスコの在庫を心配してくれる。

ファミマ　気だるげな女性。お弁当の売れ残りの整理をしていたので、「それ（売れ残り）ってどうするんですか？」と聞いたら「捨てます」と返された。

44日目

10月24日

ローソン　陳列がかなり変わっていたのでビスコがなかなか見つからなかった。レジは最近よく当たる若い副店長さんだったが、隣のレジから「ごめんね〜、ビスコ見つけづらかったでしょ」とお姐さんが顔を出した。「ビスコなくなったかと思いました」と言うと「お兄さんが毎日2箱買うならなくなりませんよ笑」と返してくれた。それを聞いた副店長が「はっ笑」と鼻で笑った。

ファミマ　こちらも棚替えと補充をしていた。毎日ビスコを買うようになるまで知らなかったが、コンビニというのは頻繁《ひんぱん》に棚の商品と配置を入れ替えるものだったのだ。こちらでも配置場所の変わったビスコを探していると、棚の補充をしていた背の高い若い女性の店員さん（いつもの気だるげな女性とは違う人）が、やんわ～り自信なさげにビスコを指差してくれた。いつもの気だるげな店員さんのみならず、また別の店員さんにも「ビスコの男」と認識されていることを知った。この店員さんは週末に見ることが多いが、とても丁寧で明るい接客をする人だ。そのままレジもその店員さんが担当、そこで「やっぱりいつもビスコ買ってる人ですよね～笑」と笑顔で言われた。この感覚は久しぶりですっかり忘れていたが、毎日ビスコを買うのは恥ずかしい。

45日目

10月25日

ローソン　昨日からひきつづき棚のレイアウトを変えているようで、ビスコを探す。するとまだ明らかに未完成といった様子の棚にビスコが2箱だけ置いてあるのを見つける。不自然に2箱だけ置かれたビスコから、これが私のために特別に用意されたものだと察する。お姐さんがアイスクリームの商品を入れ替えていたのでひと言お礼を言った。「ごめんなさい、まだ棚が整理できてなくてビスコだけ置いといたの」と返された。この対応から、私はもう完全に常連になったと言っていい。あだ名もつけられていると思う。レジ担当はお姐さんの娘さんと思しき女性。本当に親子なのかそろそろ確認したい。

ファミマ　気だるげな女性。「また台風が来てるから買いだめしといたほうがいいですよ！」と言われた。私はまた台風が来ているのを知らず、普通に「えっ‼」と驚いてしまった。ラグビーの勝敗といい、コンビニでニュースを知ることが多くなった。

46日目

10月26日

ローソン　相変わらず棚が未完成でビスコが置いていなかった。近くにいた副店長さんに軽い気持ちで「ビスコありますか？」と聞いたらいろいろな箱をひっくり返して見つけてくれた。申し訳なかった。レジはお姐さんの娘と思しき女性。

ファミマ　土曜日だがいつもの気だるげな女性がいた。どうしたんですか？と尋ねると「土曜も入れって言われちゃって〜……早く辞めたい」と小声で文句を言っていた。

47日目

10月27日

ローソン　昨日とまったく同じ状況で棚にビスコがなかった。昨日はわざわざ裏から出してもらったのだが、それまでに3分くらい気まずい「待ち」があって辛かった。なのできょうも店員さんに声をかけてビスコを出してもらう勇気はなかった。店に行ったのにビスコを買わなかったのは久しぶりのような気がする。

ファミマ　はじめて見るような気がする若い男性の店員さん。でも新人のような感じではなかったのでいつもは違う時間帯なのだろうか。レシートは、私がレシートを欲しそうに見つめていたらくれた。

48日目

10月28日

ローソン　棚に4箱だけビスコが置いてあった。レジはいつものお姐さん。開口一番「昨日ビスコなかったでしょ！　ごめんね～」と言われた。そんなこと気にしなくていいのに。気遣いの人である。まだ棚は完成していないようだったが、お姐さんがいる限りはきょうのように私用のビスコが置かれるだろう。

ファミマ　気だるげな女性だったので「台風来なかったですよ！」と言うと、「台風きえちゃいましたね」と笑っていた。

もうすっかり寒い。

49日目

10月29日

ローソン　いつものお姐さん。寒いから風邪をひかないでくださいねと言われた。お姐さんも気をつけてください、と返した。

ファミマ　あまり見覚えのない若い男性。これまでの49日間でこの夕夜シフトの店員はすべて見てると思うが、いまだに「こんな人いたっけ……?」と思うことがちょいちょいある。ローソンのこの時間帯は副店長、お姐さん、お姐さんの娘と思しき女性とサブリーダーと店長の5名がメインでほぼイレギュラーがない。ファミマの気だるげな女性は平日のみのシフトだが最近は土曜にも出勤させられている。いまのファミマは人手が少なく、空きが出てしまったところを他の時間帯、曜日のシフトの人員で埋めているということだろうか?

50日目

10月30日

ずいぶん遠くまで来たものだ。

節目ということもあり、きょうは趣向を変えてビスコではないものを買ってみた。ビスコの対極がなにか考えたところ、プリングルズがそれに当たる気がしたので購入。長いほうがローソン、短いほうがファミマである。

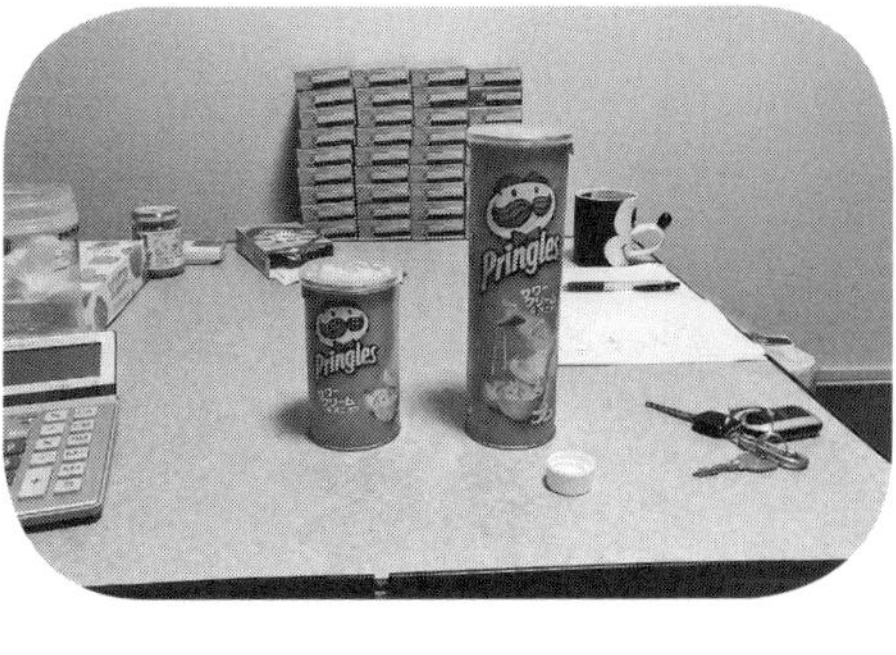

ローソン　いつものお姐さん。「えっ！」とひと言。「ビスコじゃないじゃないですか！」と慌てた様子。驚かせようと思って、と私が言うと「驚いた……」というそのままの返答。「家にビスコのストックが貯まっちゃったんですか？」と冗談めいて言われたが、私が家にビスコを80個も貯め込んでるとは夢にも思わないだ

ろう。彼女は知らないが、なにしろ他の店舗でも買っているのだ。「これからはプリングルズなんですね」と去り際に言われたが、明日からはビスコに戻りますよと言っておいた。

ファミマ　いつもの気だるげな女性。「きょうはビスコじゃないんですね」と意外にも落ち着いた様子。こちらは一世一代の勝負のつもりでプリングルズをレジに持っていったのに拍子抜けである。「ビスコ飽きちゃったんですかぁ？」と言うので、しっかり目を見て「飽きてません！」と言っておいた。そして、

レシート忘れた。

50日目にして初めてレシートもらうのを忘れてしまった。やはり慣れないことをするとレシートへの意識が薄れてしまう。お姉さんも、彼女から自発的にレシートを渡すようになってだいぶ経つが今回はレシートのことを完全に忘れていた。

あー。悔しい。

51日目

10月31日

ローソン　いつものお姐さん。きょうはビスコなんですね、と言われた。ビスコが主食なんですか？と聞かれて返答に困ったので「朝食に……」とぼんやり言った。朝食として食べているのはあながち嘘でもないのだが、さすがに2箱は食べていない。帰り際「良い週末を」と言われたがきょうは木曜ですよ！

ファミマ　背の高い丁寧な女性。最近たまに見る、気だるげな女性との女性ふたり体制シフト。きょうもあいかわらず丁寧で親切な接客だった。この方は名札のところにチキンラーメンのひよこのキャラクターのシールが貼ってある。最初はひよこ＝初心者という、研修中みたいな意味で貼ってあるのかと思ったが、それにしては洗練された接客をする。今度会ったら理由を聞いてみたい。

52日目

11月1日

ローソン　いつものお姐さん。私が近くのジムに行っているという話から、お姐さんが週4でバドミントンをやっているという情報を手に入れた。

ファミマ　接客の丁寧な背の高い女性。きょうも気だるげな女性との女性ふたりシフトだった。背の高い女性に名札のひよこのことについて尋ねたいのだが、普段気だるげな女性と仲良くしている以上、その方の目の前で他の女性店員とおしゃべりするのは気まずい。誰にも共感されないと思うが、気まずいのである。なんか、浮気しているみたいじゃないですか？　ひよこのことについて尋ねるとすればいつもの方がいない週末が狙い目。しかし気だるげな女性がいないのを見計らっておしゃべりしようというのは尚のこと不貞なことのような気もする。別に浮気でもなんでもないのだが。

53日目

11月2日

ローソン　若い副店長さん。あいかわらず会話はなかったが、帰り際「いつもありがとうございまーす」と言われた。副店長さんにレジ対応してもらうことはままあるが、「いつも」と加えられたのは初めてのような気がする。すこしうれしい。

ファミマ　3日連続で丁寧な背の高い女性店員。「きょうはお休みなんですね」と話しかけられた。以前ビスコの位置が変わったときに少しだけ話したことがあったが、それ以来だ。私が仕事着でなく私服だったことから休みだと推察したようだった。私は「3連休なんですよ〜」と返し、それで会話は終わったが、これで次回からも話しかけやすい状態になった。ひよこの謎が解ける日も近い。ちなみに土曜日にもかかわらずきょうも女性ふたりシフトだったため、気のせいかもしれないが私達が会話しているところに気だるげな女性の視線を感じた。不思議な罪悪感がある。気だるげな女性に3日連続で対応されていないのは珍しい。

54日目

11月3日

ローソン　サブリーダーがレジ担当。久しぶりにサブリーダーを見た。サブリーダーっていったいなんなんだ。

ファミマ　丁寧な背の高い女性。最近毎日のようにこの人に当たっている。きょうこそはひよこのことを聞きたかったがタイミングを逃した。この人は「ありがとうございました」と言うとき、目まで笑うからすごい。

55日目

11月4日

ローソン　ビスコ在庫なし。ビスコがなく、なにも買わずに帰るときが一番恥ずかしい。「こいつマジでビスコしか買わねえな」と思われてそうで。

ファミマ　初めて見るおじさん。かといって新人のような感じの人ではない。きっと他のシフト帯の人なのだろう。最近ファミマのシフトに乱れが見られる。

56日目

11月5日

ローソン　きょうもなかった。そのうえビスコの位置に別の商品が置かれていた。まさかとは思うが、ビスコがリストラされていないことを祈る。

ファミマ　久しぶりにいつもの気だるげな女性店員さん！　一週間ぐらいレジ対応をしてもらってなかった気がする。「絶対に1箱ずつしか買わないんですね笑」と言われたので「あると食べすぎちゃうから……」と答えておいた。お釣り用の硬貨が50枚一組で棒状になっているやつ（わかりますか？）のビニールを剥がすのに1分ぐらい格闘していてかわいかった。

57日目

11月6日

ローソン　店に入った途端お姐さんがやってきて「ごめんなさい！　木曜までビスコ入らないの！」と教えてくれた。「何日か休みを取ってたからビスコ注文できてなくて……。でも昨日もお兄さんが来たという情報も入ってます！」と言われ、すこし恥ずかしかった。この店ではお姐さん以外の店員さんとはほぼコミュニケーションをとっていないが、それでも私の来店情報が回っているようだ。

そんな会話をしていると、私のすぐ近くにいた60歳ぐらいの女性が「え？　なにがないの？」と会話に参加してきた。お姐さんはその人に「ほらこの人が、あの、ビスコの！」と私を指して言った。するとその女性は声には出さなかったものの「あぁ～!!」と、納得したように口を大きく開けて私を見た。

私は当初この私服の女性を店のお客さんだと思ったが、話が続くにつれこの女性はオーナー的な人だということがわかった。そんなところまでビスコ男の噂は流れているのか。去り際、お姐さんとオーナー（仮）からビスコ入れとくからね～と手を振られた。

ファミマ　気だるげな女性。私がレジ待ちに並んでると、さっとやってきて隣のレジを開けてくれた。やさしい。でも久しぶりにレシートを渡すのを忘れていた。ここ1週間ほとんどレジに当たっていなかったせいか。

58日目

11月7日

ローソン　きょうのローソンはすごかった。「ビスコの男」としてのひとつの到達点を見た。

　きのうお姐さんに「明日はようやくビスコが入荷します！」と言われていたので、私は店に入ってまっすぐビスコの棚に向かった。しかしいつもの場所にビスコが見当たらなかったのでそれとなくレジにいたお姐さんに目配せすると、彼女が私に気づいた。すると彼女はやにわに右手をバッと挙げ、

「はい！　言いたいことがあります！」

　と言い出したので、何事かと思いレジまで行くと「きょうビスコ入荷するって言いましたけど、よく考えたら配送来るのが夜中なんですよ」と言った。私が「あ、

そうなんですか！　じゃあまた明日ですね〜」と答えたところお姐さんがニヤリと笑い、

「な・の・で、今朝スーパーで買ってきました！」

と懐からビスコを2箱取り出した。私が突然のことに面食らっていると、「きょう入荷するって言っちゃったけどお兄さんが来る時間には間に合わないことに気づいて、朝からずっとビスコのことばかり考えてたのよ〜」とその2箱をレジに通しながら説明した。まさかのお姐さんの個人仕入れである！

もはやプライベートな時間でさえも「ビスコの男」のことを考えている。私のことなんて気にしなくてもいいのに、律儀でお客さん想いな店員さんだ。2ヶ月もビスコを買い続けると他人の精神にも影響をおよぼすことができる。「ビスコの男」冥利《みょうり》につきる。

ちなみに、お姐さんが身銭を切ったりしてないですか？　損したりしてないですか？と聞いたら、入荷したビスコから2箱もらうから問題ないとのことだった。

ファミマ　赤いビスコがラスト1箱だったので購入。レジはたまに見る柳葉敏郎に似た若い男性の店員さん。帰り際に気だるげな女性が奥から出てきて挨拶だけした。私が帰ったあとふたりで「あの人毎日ビスコ買ってんスよ。あだ名つけましょうよ」と話していて欲しい。よく考えたらあだ名をつけられるのが目標だったはずなのに。「ビスコの男」冥利とかはどうでもいいんだ。

59日目

11月8日

ローソン　ついにビスコ入荷！　ビスコのない長い1週間だったがついに街に平穏が戻った。レジはお姐さんの娘と思しき女性。お姐さんは隣のレジにいたが、去り際に大きい動きで「こんばんは！」と挨拶してくれた。

ファミマ　気だるげな女性。この方は平日担当のはずだったが最近土曜にもよく見るようになったので、明日もお仕事ですか？と聞いたら「なんか土曜固定になっちゃって……」とうらめしそうに言った。最近シフトが乱れているので誰か辞めたのかと聞いたが、特にそういうわけではなく単純に人手不足だかららしい。「なんなら私が辞めたいです」と乾いた笑いを見せた。なんだか久しぶりにお話しした気がする。

60日目

11月9日

きょうで2ヶ月になる。

ローソン　副店長さん。あいかわらずしっかりした隙のない接客。特に会話なし。

ファミマ　気だるげな女性。8時頃行ったらきょうは遅いですねと言われた。たしかに最近は早い時間に行くようになったかもしれない。

61日目

11月10日

ローソン　お姉さんの娘と思しき女性。親子かどうか確認したいのはやまやまなのだが、彼女はかなり機械的な接客をするので話しかけづらい。またビスコがなくなりそうだったので1箱だけ購入。

ファミマ　月曜にも見たおじさん。月曜日は気がつかなかったが、名札に店長と書いてあった。この人が店長か！

62日目

11月11日

ローソン　きょうはいつもより早い6時頃に行ったためか、お姐さんはいなかった。副店長がレジ対応。

ファミマ　たまに見る30代ぐらいの女性。この人もなかなかレアな人だ。

63日目

11月12日

ローソン　副店長さん。きょうでビスコの在庫がなくなったが、お姐さんから今夜また入荷するとの情報。

ファミマ　最近、出現率が高い店長がレジ。とうとう平日にまで見るようになった。ペアはレアな30代ぐらいの女性。このふたりというのはかなり珍しい組み合わせだ。

最近またマンネリになってきた。2ヶ月も経っているのだから当たり前だが。なにか新しいイベントでも起こらないだろうか。刺激が欲しい。

64日目

11月13日

ローソン　ようやく入荷したので久しぶりに2箱購入。お姐さんがレジを対応。きょうはめちゃめちゃ寒いですという話をしていたらサブリーダーが「めちゃめちゃ寒いです！」と会話に加わってくれた。この店でお姐さん以外の人と話すのは初めてのような気がする。

ファミマ　気だるげな女性。混んでいたので特に会話もなし。

65日目

11月14日

ローソン　お姐さん。最近乾燥していますね、みたいな会話をした。
ファミマ　気だるげな女性。特に会話なし。

66日目

11月15日

ローソン　いつものお姉さん。最近めちゃめちゃ寒いですと言ったら、私はバドミントンで鍛えてるから寒くないと言っていた。バドミントンはすごい。

ファミマ　気だるげな女性。いつものようにビスコをレジに持っていくと

「私、ちなみに今月で辞めるんですよ笑」

と言われた。マジかよ！

その場でも「マジかよ！」と声に出した。この人が辞めたら困る！　めちゃめちゃ困る！　この店に通っている客の中でこの人に辞められたら一番困るのが私だ。マジかよ。

「なんかイヤになってきちゃって〜笑」と笑っていた。たしかに前々から辞め

たいとは言っていたけど、それはみんな言うやつだと思って気にしていなかった。しかし本当に辞めてしまうとは。私は本当に驚いていたので「え～！」「マジか～！」「びっくりした～！」みたいな返事をするロボットみたいになっていた。

話を聞くと、このファミマでは今年の2月ぐらいから働いていたらしい。ここを辞めたら友達の働いてる居酒屋?で働くそうだ。「ビスコ用意するんでお兄さんも来てくださいね～笑」と言われた。

あだ名は？　私にあだ名はついているのか？

それを確認しなくてはならない。あだ名をつけられるためにきょうまでビスコを買い続けてきたのだ。本当は１００日目までいってから聞きたいと思っていたがこの女性がいなくなってしまうのでは元も子もない！　いま聞くしかない!!

「ち、ちなみに、僕のことって心の中でなんて呼んでます？　あだ名とか、ついてますか？」

きょう、この質問をすることになるとは夢にも思っていなかったのでキモい聞き方になってしまった（きっと用意しておいてもキモい聞き方にはなる）。すると彼女は困惑しながら

「え～?笑　いや、いつもビスコ買ってる人、って感じですかね……?」

あだ名、ついてない!

ふわうま
ラテ
キリっとコク
FAMIMA CAFE

67日目

11月16日

ローソン　副店長さん。いつもパリッとした接客をするが、きょうは表情が穏やかに見えた。

ファミマ　この時間主力の男性。気だるげな女性が辞めたらこの人の負担も増えるだろう。

68日目

11月17日

ローソン　副店長さん。とくに会話なし。もうひとり見たことのない男性がいた。ビスコ数が減っていたのでひとつだけ購入。最近2箱買えないことが多い。

ファミマ　見たことのない若い男性がレジ担当。初めて見る人だなー、と思っていたらレシートをもらい忘れた!!　やはりいつもと違うことが起きるとレシートへの意識が希薄になる。

　きょうはローソンでは1箱しか買っていないし、ファミマではレシートをもらっていない。

69日目

11月18日

ローソン　お姐さんの娘と思しき女性。この人が感情を出しているのをいまだ見たことがない。在庫が少ないのでひとつだけ購入。もっと入荷してくれ！

ファミマ　気だるげな女性。のこり出勤日はきょうをいれて4回らしい。めちゃめちゃさびしい。

70日目

11月19日

ローソン　お姉さん。いつもは黒いエプロンタイプの制服を着ているのだが、きょうはローソンの青白ストライプの制服を着ていた。エプロンがボロボロになってしまって、その替えが届くまではこれらしい。普段はなんとも思ってないがこうしてあらためて青白ストライプの制服を見ると、ダサい。お姉さんもすこしイヤそうだった。

ファミマ　気だるげな女性。来週の月火で終わりらしい。さみしい。

71日目

11月20日

ローソン　お姐さん。以前は他のローソンで働いていて、それが潰れたからいまの店舗にいることを知った。家もそんなに近くないらしい。そう考えると娘と思しき女性は娘ではないのかもしれない。

ファミマ　このあいだ初めて見た男性。気だるげな女性が抜けた穴をこの人が埋めているようだ。そういえば背の高いひよこの女の人を最近見かけなくなった。

ちなみにきょう久しぶりにデイリーを訪れてみたが、ビスコは補充されていなかった。

72日目

11月21日

ローソン　お姐さん。何気なく「何時までなんですか？」と尋ねたら、10時までなんだけど木曜は納品があるから12時ぐらいまでかかるとのことだった。そんな遅くまで働いてるのか！

ファミマ　この時間主力の男性。私と同じタイミングで店を出た薄着の外国人カップルがアイスを食べながら徒歩で帰っていた。いま5℃だぞ！

73日目

11月22日

ローソン　いつものお姐さん。めちゃめちゃ寒かったので、「きょうはさすがに寒いですよね？」と聞いたら「寒くないです」と言われた。

ファミマ　店長。この人は商品やバーコードリーダーを10㎝ぐらいの高さからテーブルに落とす（放る？）クセがある（説明が難しい）。買ってるんだから落とさないでよ。

74日目

11月23日

ローソン　土曜日なのにお姐さん！　私もびっくりしたが、お姐さんも「週末も来てるんですね！」とびっくりしていた。「週末も来てるんならもっとビスコ入れないといけないですね」と言われた。今後は毎日2箱買えるかもしれない。

ファミマ　背の高い丁寧な女性！　本当に久しぶりに会った。あちらも驚いたようで、「最近来てないじゃないですか！」と言われた。あなたよりこのファミマ来てますよ！

75日目

11月24日

ローソン　お姐さんの娘と思しき女性。たぶん娘ではない。特に会話なし。
ファミマ　最近よく見る30歳ぐらいの男性。レシートが必要か毎回聞かれる。
「レシートをください」と言いがいがある。

76日目

11月25日

ローソン　副店長。とくに会話なし。月曜だがビスコがストックされていた。
ファミマ　店長。気だるげな女性がきょうと明日でラストのはずだがいないようだった。店長が外国人のお客さんにいろいろ説明していて大変そうだった。

77日目

11月26日

ローソン　お姉さん。残業お疲れ様でしたとねぎらってくれた。

ファミマ　とうとうやってきた。気だるげな女性、最後の出勤日だ。私がレジに並びだしたぐらいから外国人が団体で店を訪れたため、あまりレジ前でゆっくりできず最後の挨拶がかなりそっけないものになってしまった。

はずだったが、せっかくなので30分ぐらい経ってからもう一度ビスコを買いに行った。彼女は驚いたように私を見たが、私は「最後なので……」とだけ言うと「まだ裏にたくさんありますよ笑」と返された。それが本当に最後の会話になった。

思えばビスコを買うようになってから毎日のように顔を合わせていた彼女だ。最初はかなりの省エネ接客だったが、いまではなにも言わずにレシートを渡してくれる。もうそんな彼女からビスコを買うことはないのだと思うと不思議な気持ちだ。もうここで終わってもいいような気もする。

78日目

11月27日

ローソン　サブリーダー。最近お姐さんの不在が目立つ。以前は平日は毎日いたような気がするが、最近は少なめだ。

ファミマ　この時間帯主力の男性。この人と気だるげな女性とのペアを一番見たと思うが、それももう見ることはかなわない。

79日目

11月28日

ローソン　お姐さん。きょうは雪が降る地域もあったぐらい寒かったので、「きょうは寒いですよね？」と聞いたら「寒いです……寒くないです！」と返された。あともう一歩だった。

ファミマ　最近この時間帯のメインになった30歳ぐらいの男性。レシートはまだ自発的にはくれない。

80日目

11月29日

ローソン　お姐さん。あいかわらずエプロンタイプの制服が戻らずストライプの制服を着ている。

ファミマ　店長。あいかわらず客が買うものを落とす。

81日目

11月30日

ローソン　お姐さんの娘と思しき女性。こちらからは店員さんに話しかけないようにする、というルールが一応あったのだがもう80日目を超えたので、こちらから話しかけてみることにした。いつも何時ぐらいまでなんですか？と聞くと、ちょっとびっくりした様子でぎこちなく「9時か10時、ぐらいですかね」と返された。

ファミマ　背の高い丁寧な女性。1週間ぶりの遭遇。この人は名札にひよこのシールが貼ってあるのだが、今回とうとう「そのひよこはなんなんですか？」と聞いた。するとちょっと恥ずかしそうに「パートのお姉さん方に貼られてしまって……」と照れていた。

82日目

12月1日

ローソン　初めて見る40代ぐらいの女性。初心者マークを貼っていたので新しく入った人だろう。

ファミマ　最近よく見るようになった男性。レシートは自発的にはくれない。

83日目

12月2日

ローソン　耳の軟骨にピアスの穴が開きまくってる、ギャル気質だが、完璧で隙のない接客をすることでおなじみの副店長がレジを担当。ほとんど話をしたことはない。私がボーッとしていたところに「えっと、いつも袋は必要でしたっけ？」と予期せぬ質問をされたので（そんなこと初めて聞かれた）、私はじっと彼女の目を見つめたまま

「？・？・？……い―…ら―………………ない？……です」

とちょっと混乱したまま答えたら「うふふふ笑」と大きめに笑った。この83日間で彼女の笑顔を見たのは初めてだった。いつも感情を見せないぶん、ギャップでかわいい。

ファミマ　背の高い丁寧な接客をする女性。店員さんが減って大変ですね、と言ったら「そうなんですよ〜。辞められなくなっちゃった」とぼやいていた。お姉さんも辞めたいんですか?と笑いながら聞くと「ちょっと時給が……」と悲しい答えが返ってきた。

84日目

12月3日

ローソン　2日連続の副店長。昨日の一件ですこし仲良くなれた気がするので、ずっと気になっていたことを聞いてみた。「お姉さん若いのに副店長さんなんですね？」「はい、そうです」「へえ〜」。退店。ぜんぜん仲良くなれてない。

ファミマ　最近よくみる男性（新メインの男性）。気だるげな女性の代わりにこの時間帯に入るようになった人なのだが、きょうは自発的にレシートをくれた。ビスコの男のことを認識しているのか？

85日目

12月4日

ローソン　お姐さん。私はいつも仕事で作業着を着ているのだが、それから推測して「車関係の仕事でしょ！」と言われる。車関係の仕事ではない。ビスコが少ないので1箱購入。

ファミマ　最近よく見る男性の店員。レシートを完全にくれるようになった。

86日目

12月5日

ローソン　お姐さん。ちょうど配送の直後だったらしくビスコが補充されていた。きょうはダークグレーのカチューシャをつけていた。配送の日なので遅くまでかかるのかと聞いたら、きょうは意地でも帰りますと言っていた。

ファミマ　久しぶりに見た柳葉敏郎に似た若い男性店員。レシートはくれた。

87日目

12月6日

ローソン　お姐さん。よく見たらエプロンタイプの制服に戻っていたので「あ！エプロン‼」と言ったら「昨日からです」と返された。昨日はぜんぜん気がつかなかった。

ファミマ　若いが柳葉敏郎に似ている男性。いつもちゃんとレシートをくれる。

88日目

12月7日

ローソン　土曜日なのにお姐さん。最近土曜日多いですね、と聞くと「なんか人手不足で……」とのことだった。とくに誰かが辞めたわけではなさそうだが。

ファミマ　最近のメインの男性。もう完全にレシートを渡してくれる。もう最近は趣旨をすっかり忘れているが、私にあだ名をつけているだろうか？

89日目

12月8日

ローソン　副店長。品出しで忙しそうだった。あいかわらず在庫が薄いので1箱だけ購入。

ファミマ　ずっと前からメインの男性。見た目より1オクターブ声が高い。

90日目

12月9日

ローソン　初めて見る若い男性。イケメンメガネ。たぶん他店からのヘルプだと思う。とてもイケメンだった。

ファミマ　最近のメイン男性。背の高い丁寧な方とキムチ鍋の話（?）をしていた。

91日目

12月10日

ローソン　いつものお姐さん。ちょっとお化粧が濃かった。「背が伸びましたか?」と聞かれた。伸びてはいない。

ファミマ　この時間のメインの人（旧）。とくに会話はない。

92日目

12月11日

ローソン　お姉さん。いつも通りお姉さんは愛想よくしてくれたが、私はかなり疲れていたのでちょっとそっけない感じの対応をしてしまった。よくなかった。

ファミマ　新メインの人。レシートの要否は聞かれなくなったが、毎回袋に入れるかどうか聞かれる。毎回いりませんと答えている。

93日目

12月12日

ローソン　しゃんとした接客でおなじみの副店長。ビスコのバーコードを読み取りながら「２点で２２６円になります」とおなじみのセリフを言ったあと、なぜかきょうはいきなり

「ご一緒にからあげクンはいかがですか⁉」

と元気に足してきた。

それがあまりにまっすぐかつ予想外な問いかけだったので、私は彼女を見つめ返しながら一瞬停止したのち笑ってしまった。彼女も笑っていた。いままで１００日近く毎日ビスコしか買ってこなかった客が「からあげクン」を買うとは彼女も期待してなかったと思うが、なんできょうになって突然そんなことを尋ね

てきたのだろうか。いつもの流れで言ってしまったのか、彼女なりの小ボケだったのか。なんにせよほっこりした時間だった。

ファミマ　新メインの男性。まだ袋に入れるかどうかは聞かれる。いらない。

94日目

12月13日

ローソン　お姐さん。髪型変わったね、と言われたが髪型は変わっていない。

ファミマ　背の高い丁寧な女性。彼女は最近メガネをかけるようになったので「メガネなんですね？」と私が聞くと「コンタクトつけすぎて目が痛くて……」ということでした。

95日目

12月14日

ローソン　お姐さんの娘と思しき女性。特に会話はなし。在庫が少なく1箱だけ購入。

ファミマ　新メインの男性。レシートはすぐ聞かれないようになったが、袋が必要かは毎回聞かれる。

96日目

12月15日

ローソン　副店長。驚くべきことが起きた。ビスコを毎日買い続けて3ヶ月強、とうとう副店長から話しかけられた。

　このローソンの副店長は完璧と言ってもいいレベルの接客をするが、その完璧さにより接客外のコミュニケーションはとりづらい雰囲気をまとっていた。最近は笑顔を見せることもあったが、それでも心を開いているという様子はなかった。その副店長がレジで「きょうは私服なんですね」と声をかけてくれた。私が驚きながらも「週末だから……」と答えると、「そっか、週末かぁ……」と返されたので「ちゃんと休めてますか？」と聞くと「週に1日ぐらいかなぁ」としんみり言っていた。でも表情はすこし楽しげだった。

会話の内容はともかく、ようやく副店長との親密度が一定のレベルに達したようだ。石の上にも3年、ビスコ買うのも３ヶ月である。このままなにも起きないまま１００日を迎えると思っていたが、最後にサプライズがあってよかった。

ファミマ　新メインの男性。とくに会話はない。こちらとの親密度はまだまだである。

97日目

12月16日

ローソン　初めて見る金髪の男性。ここにきて新キャラ登場。このまえのメガネイケメンのような他店からのヘルプだろうか？　奥からお姐さんに「久しぶり！」と言われた。

ファミマ　若い男性店員さん。若いが柳葉敏郎に似ている。

98日目

12月17日

ローソン　お姐さん。ビニール袋が家にたまってないですか?という話から、袋はいらないということになった。ビスコ2箱で袋はいらない。隣に初めて見る人がいた。最近初めて見る人がたくさんいる。

ファミマ　メインの男性(旧)。特に会話なし。この約100日間、会話したことがない。

99日目

12月18日

ローソン　お姐さんの娘と思しき女性。結局お姐さんの娘かどうかはわかっていない。そこんとこどうなんだ。

ファミマ　新メインの男性。とうとう袋の要否も聞かれなくなった。袋はいらないので助かる。

100日目

12月19日

ああああああああああああああああ！
１００日目じゃい！

ローソン！　副店長！　こんばんは、と言うと笑顔で「こんばんは」と言ってくれるようになった。ビスコを買い始めてからずーっと無表情だったのに。流れた月日の長さを感じる。この店では珍しくワンオペっぽかったので「きょうはひとりなんですか？」と聞いたら「あっ！　裏にいますよ！　呼びますか!?」と私がお姐さんに会いたがってると思われた。恥ずかしい！

帰りもありがとう～と言うと笑顔で「ありがとうございます」と言ってくれた。

１００日記念なのでなにか他のものも買おうかと思って年賀状を買った。年賀状のデザインを選んでいるうちにお姐さんが出てきて、これがいいんじゃないと選んでくれた。なんとなくめでたい感じがする。

ファミマ　新メインの男性!!　会話、なし。仕方ない!!　なかなか男性と仲良くなるのは難しい。

デイリー　めちゃめちゃ久しぶりにデイリーにも行った。行ったが、ビスコはなかった。仕方がなかったので、江崎グリコ製品のポッキーを買った。

とりあえず目標の１００日が終わった。しかしこれまでは準備期間のようなものである。私は私のあだ名の確認をしなくてはならない。これが一番難しい。一体誰に、どのように聞けばいいのか。どうしたらいいんだ。

とりあえず毎日行くのはきょうをもって止《や》める（本当に面倒だから）。しかし店にはまだ何度か行かなくてはならない。あだ名の確認がうまくいくといいのだが。

101日目

12月20日

ここまでは準備段階であり、これからが大変だ。私にあだ名がついているか確認しなくてはならない。

ローソン　お姐さんの娘と思しき女性。この人とはいまだにきちんとコミュニケーションをとれていない。あだ名を聞きだすのには不向きか。

ファミマ　店長。久しぶりの店長。あいかわらず客の買うものとバーコードリーダーを10㎝落下させる。さすがに50過ぎであろうおじさんにあだ名を聞くのは無理だな。背の高い女性が一番親しいのだが、最近見ない。

102日目

12月25日

クリスマス。

毎日行かなくてもよくなったので前回からすこし空いている。感覚的には10日ぐらい経ったかと思ったが4日しか休んでいなかった。行かなくていいのはとても楽だが、なんとなくむずがゆい気持ちもある。日数を空けても今更忘れられることはないだろうが、早めに終わらせたい。

ローソン　レジは久しぶりのサブリーダー。お姐さんは私を見た瞬間　あっ！という顔をした。私がレジに行くと隣から「お兄さんインフルエンザですか⁉」と興奮した様子で尋ねられた。私は「仕事が忙しくて……笑」と適当にごまかすと、「みんなとずっと話してたんですよ。お兄さん絶対インフルだって」と言っていた。

素直に、心配してくれてうれしい気持ちになった。やさしい人だ。

ただ、この人には「いままでビスコを買っていたのはあだ名をつけてもらうためなんです」とは絶対に言えない。この人にとっての私は「ビスコが大好きなお兄さん」であって、それがあだ名をつけてもらうためであったと伝えるのは、いままでの１００日をすべて「嘘」にしてしまうような気がしてならない。

お姐さんはこの１００日で会ったどの店員よりも私を気に入ってくれているので、慎重に事を進めたい。ただの客が数日来なかっただけでここまで心配してくれる人を傷つけたくはない。

ちなみにサブリーダーはがっつりサンタコスをしていた。帽子だけとかじゃなく、全身サンタだった。

ファミマ　新メインの男性。いつにもまして疲れ切っていた。新メインの男性が一番遭遇率が高いので、もうこの人に聞いてもいい気がする。お姐さんとは違って絶対に傷つかないし楽だ。

103日目

12月26日

ローソン　お姐さん。結構長い時間話した。年末で仕事が忙しいとか、私のポンタのポイントが減ってるとか（ガソリンスタンドで使った）、昨日サンタの格好をしていたサブリーダーがインフル疑惑だとか。

ファミマ　旧メイン。きょうは新メインとふたりでメインブラザーズだった。

104日目

12月29日

ローソン　新しく入った40代ぐらいの女性。
ファミマ　若い男性（柳葉敏郎に似ている）。特に会話はない。

105日目

12月31日

２０１９年最後の日　12月31日。

ローソン　お姐さんの娘とおぼしき女性。マスクをしていた。このまえお姐さんからサブリーダーがインフルかも？という話を聞いていたので、結局彼女はインフルだったんですか？と聞いたら「そうなんです」とのことだった。そして「いまふたりインフルなんです」と続けた。時間がなくてもうひとりが誰かは聞けなかったが、もしかしたら同じ時間帯の誰かかもしれない。インフルの人も、シフトの穴埋めをする人も年末年始にかわいそうだ。しかしいつもはすこし冷たい彼女が、きょうはやさしい目をしていた。

ファミマ　久しぶりの背の高い丁寧な女性。「もうおやすみですか？」と聞かれたので、「そうです。お姉さんは年越しまでには帰れそうですか？」と聞き返した。

「んー　たぶん笑」と言っていた。帰り際に小さく手を振ってくれてかわいかった。

ふと帰りがけに、きょうは背の高い丁寧な女性と、若い男性（柳葉敏郎似。ギバちゃん）のふたりで、珍しいペアだったなー。となんとなく思っていると、

「このふたりならあだ名のこと、聞きやすいな」ということに気がついた！　すぐに車を切り返し、再度ファミマへ向かう。

店に入るやいなやレジにいた若いギバちゃんに

「ちょっとお兄さんとお姉さんに聞きたいことあるんですけど、いいですか？」

と尋ねた。彼は戸惑いながらも了承すると、奥から背の高い丁寧な女性も出てきた。

まず、私がこの約１００日間ビスコを買い続けたのは店員さんにあだ名をつけてもらいたかったからだ、ということを伝えた。すると彼らのすこし緊張した表情が一気に緩んだ。

「そういうことか！」

「なんで毎日ひとつしか買っていかないんだと思ってた！笑」

背の高い丁寧な女性はお話することもあるので私という個体を認識しているが、ギバちゃん（およびすべての男性店員）とは話をしたことがなかったので、まず私のことを知っていますか？と聞いてみた（キモい質問だ）。

「知ってますよ！　みんな知ってます。毎日ビスコ買いに来て、絶対レシートもらっていく人。いまもふたりで、『なんでなんだろうね』って話してました！笑」

みんな知ってくれているのか！しかも、レシートのことまで把握してもらってる！

「でもあだ名は…。あだ名はないかも。ビスコのお兄さんって私は呼んでますけど…」。

と背の高い丁寧な女性。

「そうだね。ビスコ…ビスコの人とか、かなあ。俺はあんまりお客さんにあだ名ってつけないかも」。

というギバちゃんに対し、

「え、わたしはお客さんにめっちゃあだ名つけるけど笑」という背の高い丁寧な女性。

それから「でもお兄さんにはついてないですね。だいたい特徴的な格好の人につけるかなあ。買うものとかではあまりあだ名はつかないかも」と続けた。

いろいろ聞きたいこともあったが、当然ほかのお客さんもいるので長く話はできなかった。

最後にふたりにお礼を伝え店を出た。

ビスコ
ビスコ

106日目

1月1日

ローソン　お姐さんの娘と思しき女性。昨日聞けなかったので改めてきょう誰がインフルなのか聞いたら、やはりお姐さんとサブリーダーがそうだということだった。お大事にしてほしい。お姐さんのことを名字で○○さんと呼んでいたので、「あ、名字はたまたま一緒なだけなんですね」と言ったら「はい、よく親子と間違われるんですけど笑」ということだった。

106日目の真実、彼女は娘ではなかった。

きょうビスコを数えたら184箱あった。単純計算で300箱ぐらい買ってるはずなので意外に少ない。

107日目

1月3日

ローソン　副店長。インフル蔓延《まんえん》で出勤が増えているはずだが、久しぶりに会った。インフル流行《はや》ってるらしいですね、と言ったら「そうなんですよ～」で会話が終わった。あだ名について聞くなら副店長がいちばん良いと思っているが、タイミングが難しい。

108日目

1月5日

ローソン　お姐さん！　インフルのふたり（お姐さんとサブリーダー）が復活した。お正月は病院のベッドで死にそうになってたらしい。サブリーダーと3人で「鼻に棒つっこまれるの痛いですよね」などインフルあるあるを話した。

109日目

1月6日

ローソン　きょうもお姐さん。「きょうからお仕事ですか？」と尋ねられ、はいと答えると「結構長い休みでしたね！」と言われた。インフルで10日休んだお姐さんに言われたくない！と返した。

110日目

1月7日

ローソン　お姐さん。買った日の次の日に書いているのだが、なにを話したのかまったく覚えていない。行くのがめちゃめちゃ億劫だったことは覚えているが、そこから記憶がない。レシートがなければ行ったことも忘れていたかもしれない。

111日目

1月8日

ローソン　サブリーダー。会計していたら奥から休憩中らしかったお姐さんが出てきた。バックヤードから監視カメラの映像が見えるらしく、お兄さんが来たので出てきましたと言っていた。明日親知らずを抜く予定だと言ったらお姐さんもサブリーダーもイタそう！という顔をした。副店長、お姐さんの娘と思しき女性のふたりと歳の頃は近いが、彼女らと違いサブリーダーは積極的にコミュニケーションを取ってくれる。

112日目

1月9日

ローソン　お姐さん。この日は私が親知らずを抜く予定だったのだが、結局抜けなかった。お姐さんは入院して3本いっぺんに抜いたとちょっと自慢げに教えてくれた。すごい。

113日目

1月12日

いい加減に終わりたい。

ローソン　副店長。もうひとりはヘルプらしき見知らぬ人。帰ってきてから思えば、副店長にあだ名のことを聞くならベストな環境だった。土日の夜はお客さんも少なく、話を聞きやすい。

それなのに、なにをいまだに迷っているのかというと、やっぱりお姐さんに聞くのが礼儀かなって、最近そう考えてしまっているのです。この前までは「ビスコを買っていたのはあだ名をつけてもらうためで、それだけの理由で通っていた」とお姐さんに伝えるのは、なんだかひどい嘘をついていたようでイヤだと考えていました。でも、他の店員さんづてでそのことが伝わるのは、なんだかより卑《ひ》怯《きょう》なのでは?という、特殊な葛藤が芽生えているのです。

なので今週お姐さんと、話を聞いてくれそうなサブリーダーが重なるタイミングで聞きたいと思います。重ならなければ次週に続けるかもしれない。

114日目

1月13日

ローソン　お姐さん。ペアは副店長。きょうも親知らずあるあるで盛り上がった。

115日目

1月14日

ローソン　副店長。とくに会話はなかった。

116日目

1月15日

とうとうビスコを買い続ける日々に終わりがきた。

きょうは水曜、予想通りお姐さんのペアはサブリーダー。もはや私には何曜日に誰がレジに立つかなどは手に取るようにわかる。水曜は納品がないため、棚の補充などで忙しくなることもない。ちょっとストーカー気質っぽくてキモいが、100日も通っていればこのような店のサイクルは自然と頭に入る。

お姐さんに、実はビスコをずっと買ってたのには理由があって、それは店員さんにあだ名をつけてもらいたかったからだ、という説明する。

するとお姐さんは「ビスコのお兄さんです」と即答。「あだ名なんて、とっくについてますよ。1週間でお兄さんはビスコのお兄さんになってます」

ファミマとまったく同じ、「ビスコのお兄さん」とのことだった。それをあだ名と言えるかどうかは微妙なところではあるが。

「ビスコのお兄さん、という呼び方になるのは仕方がないですよ。だって私お兄さんの名前知らないんですもん！」

「私は心配していたんですよ。毎日ビスコで栄養偏らないのかな、おなか空かないのかな、って。お兄さんにはもっとちゃんとした食事をとってほしくて。でも、ずっとビスコが大好きな人だとおもっていたから驚きました」

私は、ビスコ好きなのは本当ですよ！と笑いながら伝えた。

ここでサブリーダーも近くにいたので、お客さんにあだ名とかってつけますか？と話を振ってみた。

「毎日タバコとか、コーヒー買いに来る人は覚えますね。でもあだ名っていうのはないかも。コーヒーやタバコだと同じものを買っていく人がたくさんいるので。あ、おでんの人きたな、とか、それぐらいは思うけど笑

でもそういうおなじお菓子を毎日買っていく人はいないですね。そういった意味では、この店であだ名がついてるのはお兄さんぐらいかもしれないですね」

とのことだった。

もう家に１００箱以上ビスコがあるからこれから数ヶ月かけて食べていくつもりだ、と私が言うと、

「じゃあもうビスコに飽きちゃったんですね」とお姐さんが言う。

そうですね、毎日食べてきてすこし飽きてきました。と私が返すと、

「でもビスコに飽きちゃったからって、これから来なくなっちゃったら寂しいですね」と本当に悲しそうに話すので、こっちまで悲しい気持ちになってしまった。

これからも買いに来ますよ！と言うと、

「一度プリングルズを買いにきたときはすごくびっくりした。これからは別のものを買いに来てください！」とお姐さんに言われて、なんだか泣きそうになってしまった。

お客さんも来ず、5分ぐらい話ができたと思う。お礼を言って店を出た。

glica
おいしくて
つよくなる
ビスコ
クリームサンドビスケット
5枚×3パック

検証結果

検証結果

結論としては、ビスコを100日買い続けてもあだ名はつかない、ということになりました。

ファミマの「気だるげな女性」「背の高い丁寧な女性」「ギバちゃん」、ローソンの「お姐さん」「サブリーダー」にとって、私は「ビスコのお兄さん」でした。それをあだ名ととらえるかどうかは微妙なところです。

ひどいあだ名をつけていてそれを正直に私に伝えていないだけ、という考え方もできますが、それは私にはこれ以上確認しようがないことなので、ここでは考慮しないこととします。

ローソンのお姐さんが言うとおり、店員さんは私の名前を知らないので固有名詞として「ビスコのお兄さん」という呼び方になる、というのは納得です。「あいつビスコ毎日買っているから、なんかあだ名つけてやろう」ではなく、店員さんの間での会話で「ほら、昨日、あのビスコのお兄さんが……」という言い回しが定着するというわけですね。

ただファミマで私という「ビスコを毎日ひとつだけ買い、かならずレシートを要求する個体」がひろく店内で認知されている、というのは驚きでした。あだ名こそつかなかったものの、店員さんの間の話題にのぼることはたしかなようです。レシートのことについても、気だるげな女性以外はほとんどレシートを自発的にくれた（つまり私から「レシートもらえますか」と言っていない）ので、そもそも私がレシートを絶対に持って帰る、ということすら気づいていないと思っていましたが、これも店内で「ビスコの男はレシートを要求する」という情報が伝わっていたんですね。

また、この１００日間で遅かれ早かれ女性の店員さんにはほぼ全員から話しかけられたのに対し、男性の店員さんからは一度も話しかけられませんでした。これは私が男性だからでしょうが、ここまでハッキリ分かれるものなんですね。私が女性だったら真逆になるかといえばそうではないと思いますけど。女性の店員さんの方がお客さんとの距離が近いんですかね。これも興味深い発見でした。

本当はあだ名らしいあだ名がついてくれればよかったのですが、なにかを買い続けるだけでは難しいかもしれません。「あだ名をつけられる」ということだけを目指すのなら、店員さんに面倒がられるなど、まず負のイメージを持たれることが必要なようです。

ただそうなってしまうと一般的なお客さんとは言えなくなってしまうので、今回の目的からは外れてしまいますね。

あだ名はつかない、という結論でも検証の意義はあったのではないかと思います。

最後に

ここまでずいぶん長くなってしまいました。

最初は当然1人の客と店員という間柄だったはずなのに、昨日もお店に行って当たり前のように会話をしました。始める前と終わってからではいろいろなことが変わりました。いままでは他のお店でもポイントカードを出します。

途中でまさかの別れがあったり、スーパーから私のためにビスコを買ってきてくれたり、いろいろな驚きがありました。疲れた日もコンビニに行けば明るい気持ちになりました。行くのが本当に億劫な時もありましたが、なんとか最後までできてよかったです。

これからは時々そんな日々を思い出しながら、家にある溢れんばかりのビスコを少しずつ食べていきたいと思っています。

ありがとうございました。

後日談

2月26日

副店長は私を「ビスコ兄さん」と呼んでいるらしい。

3月2日

ｎｏｔｅというウェブサービスにつづった１００日間の記録がオモコロ杯２０２０において最優秀賞を頂いたのでウイニングビスコを買いに行った。

ファミマ　見知らぬ若い女性。名札にトレーニング中とあった。最後に行ったのは去年末なので、流れた月日を感じる。レシートは言わずとも渡してくれた。

この人はいつか、変な客に変なあだ名をつけたりするのだろうか。

ローソン　ローソンにはいまでも週に1、2回は通っている。あだ名を確認した日以降はビスコではなく炭酸水を買っているので、久しぶりのビスコだ。お姐さんに「ビスコはやめたって言ったじゃない‼」と開口一番言われた。

そのあとはいつも通り世間話をして、手を振りながら笑顔で外を出た。

インターネットでこういう賞をもらったよ、とかそういうことは言わないでおいた。読まれてしまったらお互い気恥ずかしいだろうから。

LAWS
香りがふわっ。
OMOCORO
CUP
2020
最優秀賞

さらに後日談

6月16日

『１００日間おなじ商品を買い続けることでコンビニ店員からあだ名をつけられるか。』が本になることが決まったので、あらためて記録をつけることにする。

この日は6月16日。最後に記録をしたのが3月2日なので3ヶ月以上経っていることになる。この3ヶ月で世界の情勢は目まぐるしく変わり、以前のように自由に外を歩くことができなくなってしまった。ようやく6月になってすこし出歩ける範囲も広がったので、世の中の様子を見ながらお店に顔を出していこうと思う。ただ、ファミマは知っている店員さんがけっこういなくなってしまったので足が遠のいてしまった。

3月2日の記録にも書いたが、いまは家に山ほどビスコがあるので炭酸水を買っている。いまローソンではその炭酸水を買うとからあげクンが半額で買えるというフェアをやっているので、私がレジに炭酸水を持っていくとお姐さんが「からあげクンが半額よ!!」と強くおすすめしてくる。なのでからあげクンを買った。揚げたてをくれた。おいしかった。

土用の丑《うし》の日が近いので、うなぎのチラシをくれた。『鬼滅の刃』のキャラクターがチラシに大きく載っている。せっかくチラシをくれたので注文してもいいかもしれない。

6月19日

副店長。

最近、名札から「副店長」という表記がなくなっていたので、「副店長じゃなくなったんですか?」と聞いたら「私には荷が重いんです」と笑いながら答えていた。どうやら役職は変わっていないのだが、名札の表記だけ変えたということらしい。たしかにまだ20代前半ぐらいなのに副店長と名札にあるとちょっと珍しい感じがしてお客さんに聞かれたりするのかもしれない（私も一度聞いた）。

6月25日

お姐さん。

仕事は忙しいかと聞かれた。最近はあまり忙しくないと答えた。コロナウイルスの影響で、私が勤めている会社にぜんぜん製品の発注がこない。もう今年のボーナスはあきらめた。

6月26日

久しぶりに見たお姐さんの娘と思しき女性。

結局彼女はお姐さんの娘ではなかったのだが、もうなんと呼んでいいかわからない。特に会話はなかった。

私が車に乗って店から離れていくとき、外でゴミの片付けをしていた副店長ににこやかに手を振られた。遠くからこちらに手を振るその様子が金麦のＣＭの檀れいみたいだった。

6月29日

お姐さんの娘と思しき女性。

７月１日からはじまるレジ袋の有料化の話とかした。いろんなサイズがあるらしい。また新しい仕事が増えて店員さんは大変だ。この人は自分から話しかけてくることはないが、私から話しかけると笑顔でけっこう長い時間しゃべってくれる。お話するのは好きでも人に話しかけるのは苦手、というのはちょっとわかる。

私も似たようなところがある。

7月1日

お姉さん。

きょうからレジ袋が有料になる。これは増税以来のビッグイベントだ。

お姉さんがレジをしてくれた。炭酸水をレジに置き、「袋ください」と言うと「いらないでしょ！」と言われた。たしかにペットボトル１本でレジ袋が必要になるわけはないのだが、きょうはせっかくだから買ってみたいと伝えると渋々了承してくれた。いちばんでかい袋をくれた。

ゴミが減るのは良いことだけど、こういう大きい変化は店員さんにとって結構な負担だと思う。コロナウイルス対策でレジにビニールシートを吊《つ》るしたり、現金の受け渡しの際に手と手が触れないようにしたり、最近は変化が目まぐるしくそれに対応する現場の人は本当に大変だ。

7月3日

お姐さん。

最近は山に行ってないのかと聞かれた。私はほとんど登山をしないのだが、いつのまにかお姐さんのなかで「ビスコのお兄さん　趣味は登山」という正しくないデータがインプットされてしまったようでよくこの質問をされる。

7月7日

お姐さん。

私は火曜日に来る傾向があるとお姐さんに言われた。自分でも知らなかったがそうなのかもしれない。

モップがけをしていた副店長が「シュッ笑　シュッ笑」と声に出しながら私の

進行方向をモップで塞ぐチョケをしてきた。昔の副店長はもっとクールな感じだったのに。だいぶキャラ変わったな。

7月8日

お姐さん。
私が水曜日に来るのは珍しいという話をされた。そうなのかな?

7月13日

お姐さん。

このまえチラシをもらったので、せっかくだから土用のうなぎを注文した。コンビニでうなぎや恵方巻などの季節ものを予約販売しているのは知っていたが、そういう商品をこうして予約するのは初めてだ。というか自分でお金を出してうなぎを食べるのが初めてかもしれない。もう何年もうなぎを食べてない。

私にとっては意外だったのだが、予約がいっぱい入っているそうで結構遅い時間じゃないと用意できないと言われた。予約数のノルマが大変なイメージだったがこの店は大丈夫なのかもしれない。

7月15日

きょうは久しぶりに驚くようなことが起きた。

仕事帰りにスーパーに寄ったら、完全にオフの副店長に遭遇した。お互いにかなり気を抜いていた格好だったのでふたりとも軽くテンパっていた。副店長は「私いつもはこのスーパーじゃないから、ここで会うのはかなりレアですよ！」と言っていた。

「お弁当を買いに来たんです!!　こう!!　スパーンと!!」と、カゴにお弁当をスパーン！と入れるジェスチャーをしていた。いま考えると妙なテンションだった。私は男なのでそこまで気にならないが、女子というのは気を抜いた状態でスーパーにいるところを知り合いに見られたくない生き物なんだろう。だいぶあたふたしていた。

「きょう○○さん（お姐さん）いるんで！　お店寄ってください！」と別れ際に妙に大きい声で言われた。

初めて会ってからもう1年近く経つが、制服を着てない副店長を初めて見た。こういうことってびっくりしますね。

帰りにローソンにも寄った。教えてもらった通りお姐さんがいた。

7月21日

お姐さん。

土用の丑の日。予約していたうなぎを買った。なんだかお店が随分とにぎわっていた。丑の日のコンビニは忙しいらしい。久しぶりに食べたうなぎはおいしかった。

7月29日

お姐さん。
私は髪を自分で切るのだが、そういう話をした。

7月30日

久しぶりの副店長。

このまえスーパーでばったり会ったことから、そこのスーパーの焼き鳥がおいしいという情報をくれた。食べたことない、と言うと「えーっ！」という口をした。

そして「やわらかくておいしいのに！」と続けた。焼き鳥はお酒のお供というイメージがあるのでアルコールが苦手な私はあまり食べないのだが、今度買ってみようと思う。

7月31日

お姐さん。
私が学生のときカラオケでバイトしていた話などをした。

8月9日

副店長。
バイト募集の巨大な張り紙がずーっと貼ってあるので、誰も応募してこないんですか？と聞いた。「なかなか難しくて」と返された。副店長なのでそういうリクルートも彼女の業務の範疇《はんちゅう》なのかもしれない。大変なんですねー、と私が言うと
「あ！　お兄さんやりますか⁉　私が教えますよ‼」と笑顔で元気に勧誘された。か、考えておきます……と言って店を出た。

8月17日

お姐さん。
最近暑すぎるという話をした。お姐さんは水風呂に入ることで涼をとるらしい。
私も真似してその日は水風呂に入った。たしかに気持ちいい。

8月18日

お姐さん。

山のようにあったビスコのストックがとうとうなくなったので、かなり久しぶりにビスコを買った。

レジに持っていくと、お姐さんは興奮した口調で「とうとうビスコがなくなったの!!」と大きな声で言った。そうだ、あんなにたくさんあったビスコがなくなってしまった。長い月日が流れたのだと改めて感じた。

きょうで記録をつけるのは終わりにする。

この店ではじめてビスコを買ってからおよそ1年ほど経つ。あれからいろいろなことがあったが、私とお姐さんが交わす会話はあの日のままで変わりがない。来年も再来年もおなじような会話ができたら素敵だと思う。

おわりに

いまではそういった現場からは離れてしまいましたが、私もいろいろな接客業を経験しました。

国内・海外のゲストハウス、北海道利尻島での山林ガイド、青木ヶ原樹海のガイド、富士山の山小屋、いろんなホテル、カラオケ、スキー場、ゴルフ場。

いまあらためて考えると、私が店員として働いているときにお客さんにあだ名をつけたことはありませんでした。お店で他の店員とそういう話をした記憶もないので、そもそもお客さんにあだ名をつける店員というのは少数派なのかもしれませんね。

いろんな場所でいろんなお客さんと接しました。あんまり元気のない人、しっかり返事をしてくれる人、楽しい人、悲しい人。すこしずつ打ち解けることができた人、打ち解けられなかった人。

長くお店に通っているお客さんを観察すると、すこしずつその人の背景まで見えてきます。「ひとり暮らしなのかな」とか「月曜日がお休みなんだな」とか「メビウスを吸ってるんだな」とか「夏でもホットコーヒーなんだな」とか。私はあまりお客さんに声をかけたりするタイプの店員ではありませんでしたが、そういう小さい情報からぼんやりとお客さんの背景にある生活を想像するのが好きでした。店員である私とお客さんが話す時間は1分にも満たないけれど、この人たちの1日は私と同じように24時間であり、私からは見えないところに家族があって、仕事があって、いやなことで落ち込んだり、好きな人からの連絡でうきうきしたりするんだろうな、ということを考えるとちょっと不思議な感じがしました。

幸運にも私が接したお客さんのほとんどはやさしい方々でしたが、なかには店員である私を機械や道具のように見る方もいました。当たり前ですが店員はひとりの人間でそこには心があります。ひどいことを言われれば傷つきます。道理に外れたことをする人に対し、もっと店員がまっすぐに毅然と対応することが許される社会になったらいいなと思います。

私はコンビニで働いたことはありませんが、コンビニというのは現代人にとっていちばん身近なお店だと思います。カラオケよりも牛丼屋よりも、年齢性別関係なく誰にとってもなじみがある特別な存在。コントやドラマでもそういう描写がよく見られるようにアルバイトの代表というイメージがあります。

しかしそのイメージとは裏腹に、日本のコンビニはこの世に数多《あまた》とある仕事のなかでもトップクラスに複雑なものです。各種の電子マネーやＩＣカードなど代金の支払い方法だけで何十通りあるかわかりません。この1年の間でも消費増税にともなうイートイン軽減税率問題やレジ袋有料化の混乱があり、時代の変化の影響を強く受ける印象もあります。それについていく店員さんたちは本当に大変だと思います。

また、いまでは海外から来た方がコンビニで働くのを当たり前のように見るようになりました。日本語を母語とするわけではないにもかかわらず、みなさんコンビニの業務をてきぱきと自然にこなしています。

私は、海外に住んでいたときに大きなレストランのキッチンを清掃するバイトをしたことがあります。覚えることも少なく単純で簡単な作業でしたが、それでも指導員の言っていることがわからなかったり自分の国のやり方とは勝手が違ったりと本当に打ちのめされたのを覚えています。そんな私からすると日本のコンビニで働いている海外出身の方々はすごくカッコよく見えます。みなさん本当に努力家だと思います。

さて、２０１９年の９月にビスコを買い始めてからおよそ１年が経ちました。いろんな店員さんがいました。あんまりやる気のない人、しっかり仕事をしている人、明るい人、静かな人。すこしずつ打ち解けることができた人、打ち解けられなかった人。

こうして長い間おなじコンビニに通い続けていると、少しずつレジに立つ店員さんの顔ぶれが変わっていくことに気がつきます。「気だるげな女性」がお店を辞めたときは結構ショックでした。あだ名をつけてほしい、という目標があったからなのも事実ですが、それ以上に「いつもの場所にいつもいる人が、そこからいなくなりもう会えなくなる」ということがたまらなくさみしいものに感じたからでした。コロナウイルスの影響で、私は3月から5月までほとんどお店に行っていません。その間に「サブリーダー」と「ギバちゃん」はお店を辞めていました。ふたりとも学生で、4月の就職にあわせてバイトを辞めたと他の店員さんから聞きました。最後にあいさつができずとても残念です。

　しかし突然いなくなってしまうのは店員さんだけではありません。私が店員をしていたとき、店に毎日のように通っていた常連のお客さんがある日を境にぱったり来なくなることがたまにありました。そういうことがあると進学や就職、はたまた病気や怪我《けが》なのかと気を揉《も》んでしまいますが、店員にはその理由を知る術《すべ》がありません。それは突然のことで、いままで毎日のように顔を見ていたお客さんが突然なんの前触れもなく消えてしまうのはやはりすこしショックなものです。立っているのがレジのあちら側かこちら側かの違いはあれど、静かな別れに感じるさみしさは同じ色をしています。

　私達をつなぐ線はとてもか細いものなのだと思います。お店という場によって引き合う私達はお互いの連絡先はおろか名前すら知りません。しかしそんな間柄の人だからこそ無責任に明るく振る舞うことができ、人を元気づけることができるのではないでしょうか。特に会話は交わさなくても、いつもの人がいつもの場所にいるだけでささやかなよろこびを感じたりするものです。そういう小さな幸福こそが日々を豊かにするものだと私は信じています。

接客業は楽しいものだと私は思います。いろいろな人の人生にすこしずつ触れることができて、毎日新鮮で驚きと笑いのある仕事です。近年では業界の人手不足や業務の複雑化を背景にセルフレジを導入するコンビニも増えてきています。機械にはぬくもりがない、なんてことを言うつもりはまったくありません。人にとってよりよい働き方を目指すために広く普及してほしいと願います。

ただ私は、いつもの店員さんの「いらっしゃいませ」と「ありがとうございました」の笑顔に救われました。これからの世界にもそのあたたかさが失われずに残ったらいいなと思います。

コンビニがお客さんにとって、そしてなによりそこで働く店員さんにとって、もっともっと幸せな場所になることを祈っています。

現在、世界は大きな困難に直面しています。

コロナウイルス感染症は飛沫《ひまつ》感染・接触感染するため対面での接客や金銭の授受には厳重な注意が必要になります。接客業はその性質から、店員さんとお客さんの間に大きい壁や小さい壁を何重にも設けないと会話もできないようになりました。

店員さんとお客さんがマスクを外し、お互いにまた笑顔を見せられるようになる日が１日も早く訪れることを願います。

２０２０年８月吉日　与謝野

与謝野《よさの》（藤原 仁）

20代男性。趣味はランニングとNetflixで
スタンドアップコメディを観ること。
ステイホーム期間中にピアノを始めたものの、
挫折（1年ぶり3度目）。

**100日間《にちかん》おなじ商品《しょうひん》を買《か》い続《つづ》けることで
コンビニ店員《てんいん》からあだ名《な》をつけられるか。**
ビスコをめぐるあたたかで小《ちい》さな物語《ものがたり》

2020年11月30日初版1刷発行

著　者　与謝野

発行者　田邉浩司
発行所　株式会社 光文社
〒112-8011 東京都文京区音羽1-16-6
電　話　編集部 03-5395-8289
販売部 03-5395-8116
業務部 03-5395-8125
メール　sinsyo@kobunsha.com
落丁本・乱丁本は業務部へご連絡くだされば、お取り替えいたします。

組　版　堀内印刷
印刷所　堀内印刷
製本所　ナショナル製本

イラスト　小山健
ブックデザイン　坂川朱音